Ciclo de vida de

El frijol

Angela Royston

Traducción de Patricia Abello

Heinemann Library
Chicago, Illinois

© 2003 Heinemann Library,
a division of Reed Elsevier Inc.
Chicago, Illinois

Customer Service 888-454-2279
Visit our website at www.heinemannlibrary.com

Designed by Celia Floyd
Illustrations by Alan Fraser
Printed and bound in the United States by Lake Book Manufacturing, Inc.

07 06 05 04 03
10 9 8 7 6 5 4 3 2 1

Library of Congress Cataloging-in-Publication Data
Royston, Angela.
        [Life cycle of a bean. Spanish]
        Ciclo de vida de el frijol / Angela Royston ; traducción de Patricia Abello.
            p. cm.
        Summary: An introduction to the life cycle of a bean from the time it is first planted until,
four months later, it has grown as tall as an adult person.
        Includes bibliographical references (p.) and index.
        ISBN 1-4034-3014-4 (HC), 1-4034-3037-3 (pbk.)
1. Fava bean—Life cycles—Juvenile literature. [1. Beans. 2. Spanish language materials.]
I. Title: Frijol. II. Title.

SB351. F3 R6918 2003
583'.74—dc21   2002038804

Acknowledgments
The author and publishers are grateful to the following for permission to reproduce copyright material:
A–Z Botanical Collection Ltd./Moira C Smith, p. 10; Bruce Coleman/Adrian Davies p. 23; Chris
Honeywell, pp. 17, 18; Harry Smith Collection, pp. 6, 14, 20, 21, 22, 26/27; Heather Angel, p. 13;
OSF/G. A. Maclean, p. 19; OSF/G. I. Bernard, pp. 7, 8, 9; OSF/J. A. L. Cooke, p. 12; The Garden
Picture Library/David Askham, p. 25; The Garden Picture Library/Mayer Le Scanff, p. 5; The Garden
Picture Library/Michael Howes, pp. 11, 24; Roger Scruton, p. 4; Trevor Clifford, p.15.

Cover photograph: Trevor Clifford

Every effort has been made to contact copyright holders of any material reproduced in this book.
Any omissions will be rectified in subsequent printings if notice is given to the publisher.

Unas palabras están en negrita, **así.** Encontrarás
el significado de esas palabras en el glosario.

Contenido

Así es el frijol

El frijol es una **semilla** que crece en una **vaina.** Comemos muchas clases de frijoles, como frijoles rojos, frijoles de carita y habas.

1 día

1 semana

2 semanas

6 semanas

Estos frijoles se llaman habas.
Este libro muestra qué les pasa
a las habas cuando se siembran.

12 semanas   14 semanas   20 semanas

Semillas

6

Las **semillas** de frijol se siembran
en la **tierra.** La tierra se riega
y los frijoles comienzan a crecer.

1 día   1 semana   2 semanas   6 semanas

Primero crece la **raíz**. Sale de la semilla y crece dentro de la tierra, hacia abajo. Cada día se vuelve más larga.

12 semanas

14 semanas

20 semanas

Germinación

Ahora la semilla comienza a germinar. Le sale un **retoño.** El **tallo** doblado empuja la **tierra** hacia arriba. En la punta del tallo hay unas hojas pequeñitas.

tallo

1 día

1 semana

2 semanas

6 semanas

El retoño salió de
la tierra. El tallo
se endereza y las
hojas comienzan
a abrirse. Están
creciendo más
raíces.

raíces

Crecimiento 3 a 10 semanas

Las hojas se abren y se vuelven verdes oscuras con la luz. Las hojas usan la luz del sol, el aire y el agua para fabricar alimento para que la planta crezca.

1 día   1 semana   2 semanas   6 semanas

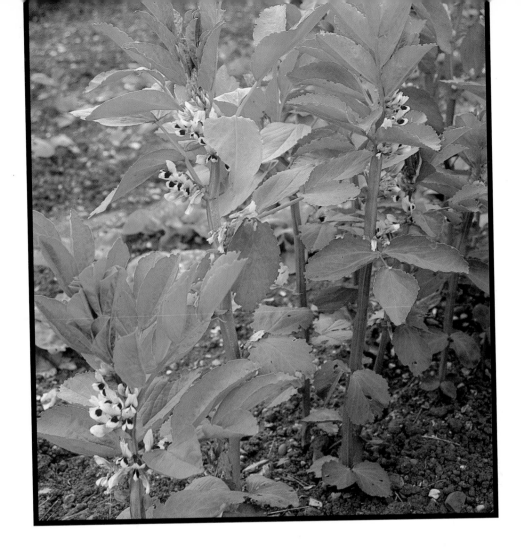

El agua de la **tierra** pasa por las **raíces,** sube por el **tallo** y llega a las hojas. La planta crece con rapidez. Se empiezan a formar capullos de flores.

12 semanas

14 semanas

20 semanas

12

Un jején puso huevos debajo de unas hojas. Estos jejenes nacieron de los huevos y se están comiendo las hojas.

1 día   1 semana   2 semanas   6 semanas

Si los jejenes dañan mucho las
hojas, la planta morirá. Las
mariquitas se comen los jejenes
y salvan la planta.

12 semanas

14 semanas

20 semanas

Flores

14

En la parte de abajo de las hojas salen gruesos racimos de flores. Los pétalos son blancos y negros.

1 día

1 semana

2 semanas

6 semanas

En el centro de cada flor hay granitos de **polen** y un jugo dulce llamado néctar. Los insectos llegan a tomar el néctar.

12 semanas

14 semanas

20 semanas

Polinización 12 semanas

La abeja se mete dentro de la flor.
Al chupar el néctar, se le pegan
granitos de **polen** en los vellos
de las patas.

1 día

1 semana

2 semanas

6 semanas

Al mismo tiempo, la abeja deja en la flor el polen de otra flor. Esto se llama polinización.

12 semanas

14 semanas

20 semanas

Vainas   12 a 14 semanas

Cuando un grano de **polen** de una flor se une con una **semilla** dentro de otra flor, se forma una nueva semilla de frijol. La flor muere y los frijoles crecen.

1 día   1 semana   2 semanas   6 semanas

vainas

Los frijoles están protegidos dentro de una **vaina** dura y gruesa. Cuando los frijoles crecen, la vaina crece y se vuelve más pesada.

12 semanas

14 semanas

20 semanas

20

Estas plantas de habas tienen
muchas **vainas.**

1 día   1 semana   2 semanas   6 semanas

tallito

El interior de la vaina es suave
y húmedo. Cada frijol está unido
a la vaina por un tallito. Ese tallito
le lleva alimento y agua al frijol.

12 semanas

14 semanas

20 semanas

Planta adulta 20 semanas

Cuando los frijoles crecen del todo, la **vaina** comienza a volverse negra. La planta ha hecho su trabajo y sus hojas mueren.

1 día

1 semana

2 semanas

6 semanas

Algunas vainas caen al suelo y se abren. A los ratones del campo les gustan los frijoles. Unos frijoles se enterrarán de nuevo en la tierra.

12 semanas

14 semanas

20 semanas

Cosecha 20 a 24 semanas

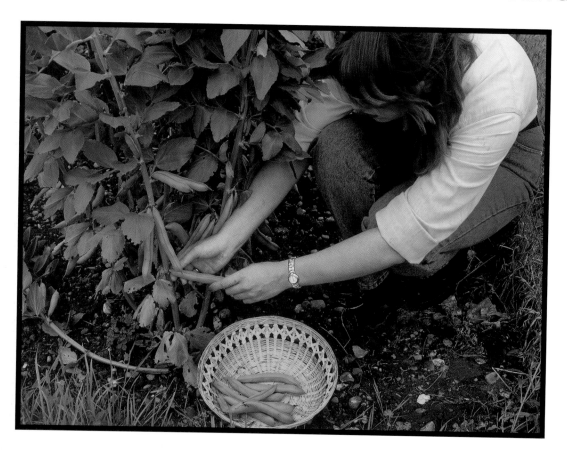

La mayoría de los frijoles los recogemos antes de que crezcan por completo. Así son más jugosos al comerlos.

1 día   1 semana   2 semanas   6 semanas

No todos los frijoles se comen.
Cuando se secan, se ponen duros
y de color café. Esas **semillas** se
sembrarán para que crezcan nuevas
plantas.

12 semanas   14 semanas   20 semanas

Un campo de frijoles

Los granjeros siembran frijoles
en grandes campos como éste.
Cosechan las **vainas** y las mandan
a fábricas para congelar o enlatar.

Después cortan las plantas y las
cubren con **tierra.** Las plantas
se pudrirán lentamente y se irán
mezclando con la tierra.

Ciclo de vida

Semillas

1

Raíces

2

Germinación

3

Crecimiento

4

Flores

5

Vainas

6

Cosecha

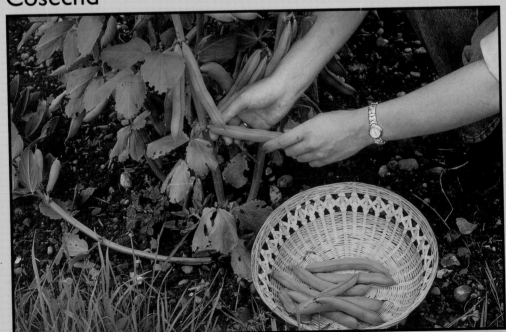

7

29

Datos de interés

En sólo cuatro meses, un haba crece de una **semilla** a una planta tan alta como una persona adulta.

Una planta de haba puede producir más de 300 habas.

En la Grecia y la Roma antiguas, la gente rica no comía habas por creer que eran malas para la vista.

Glosario

polen polvo amarillo y muy fino que hay en el centro de una flor

raíz parte de la planta que está dentro de la tierra y que absorbe agua

retoño primer tallo y hojas de una nueva planta

semilla parte de una planta que puede crecer y convertirse en una nueva planta

tallo tronco delgado que sirve de apoyo a las hojas, flores y frutas de una planta

tierra suelo en que crecen las plantas

vaina cáscara dura y gruesa que rodea a los frijoles

Más libros para leer

Un lector bilingüe puede ayudarte a leer estos libros:

Goldish, Meish. *How Plants Get Food.* Chatham, NJ: Raintree Steck-Vaughn. 1989.

Rowe, Julia & Perham, Molly. *Watch it Grow!* Danbury, CT: Children's Press. 1994.

Whitehouse, Patricia. *Semillas.* Chicago: Heinemann Library, 2002.

Índice